Impressum
Verlag: BABADADA GmbH, Nedderfeld 112 , 22529 Hamburg
Geschäftsführer / Verlagsleitung: Harald Hof
Druck: Books on Demand GmbH, In de Tarpen 42, 22848 Norderstedt

Imprint
Publisher: BABADADA GmbH, Nedderfeld 112 , 22529 Hamburg, Germany
Managing Director / Publishing direction: Harald Hof
Print: Books on Demand GmbH, In de Tarpen 42, 22848 Norderstedt

colegio

school

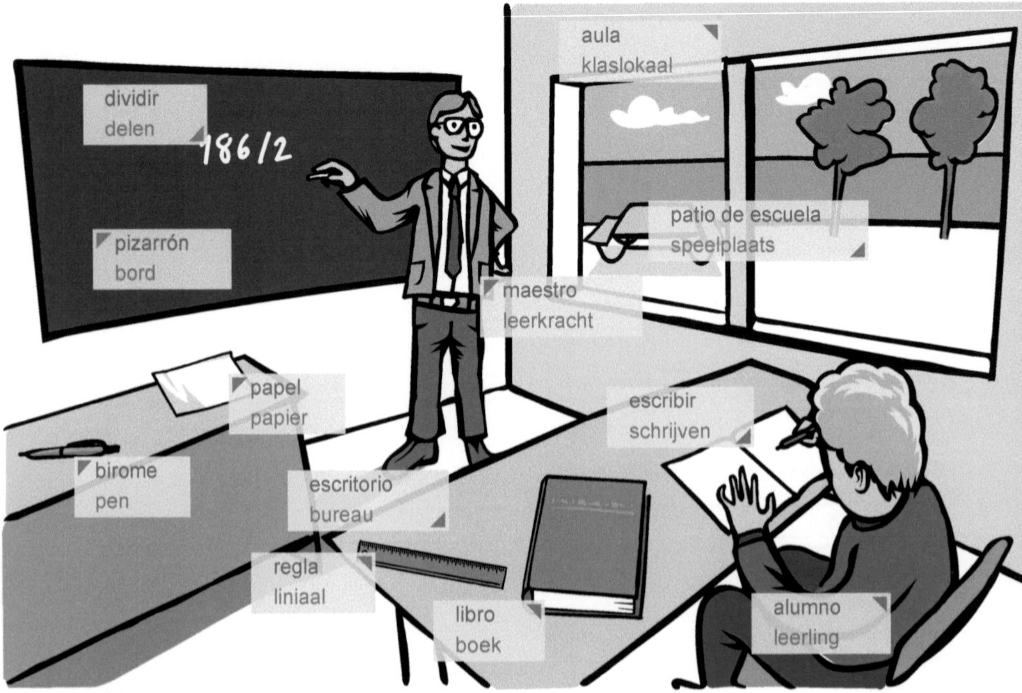

aula
klaslokaal
dividir
delen
186/2
pizarrón
bord
patio de escuela
speelplaats
maestro
leerkracht
papel
papier
escribir
schrijven
birome
pen
escritorio
bureau
regla
liniaal
libro
boek
alumno
leerling

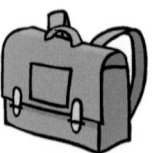

mochila

schooltas

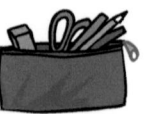

caja de lápices

pennenzak

lápiz

potlood

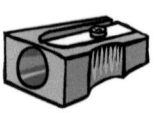

sacapuntas

puntenslijper

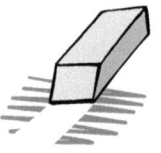

goma (de borrar)

gom

bloc de dibujo

tekenblok

dibujo
tekening

pincel
verfborstel

caja de pinturas
verfdoos

tijera
schaar

pegamento
lijm

cuaderno de ejercicios
werkboek

tarea
huiswerk

número
nummer

sumar
optellen

restar
aftrekken

multiplicar
vermenigvuldigen

calcular
rekenen

letra
letter

abecedario
alfabet

palabra
woord

texto

tekst

leer

Lezen

tiza

krijt

lección

les

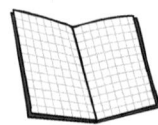

cuaderno de clase

klassenboek

examen

examen

certificado

certificaat

uniforme escolar

schooluniform

educación

onderwijs

enciclopedia

encyclopedie

universidad

universiteit

microscopio

microscoop

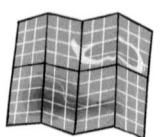

mapa

kaart

tacho (de basura)

papiermand

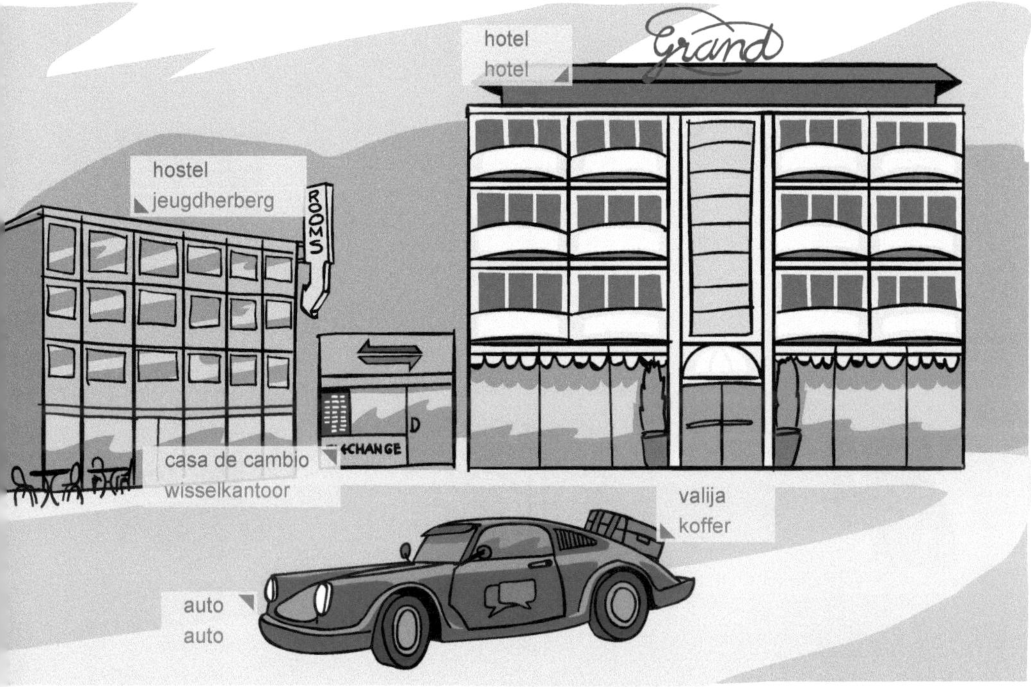

hotel
hotel
Grand
hostel
jeugdherberg
ROOMS
casa de cambio
wisselkantoor
CHANGE
valija
koffer
auto
auto

idioma

Taal

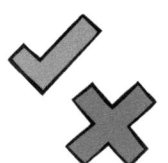

sí / no

ja / nee

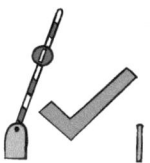

Está bien

oké

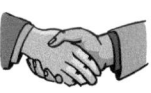

hola

hallo

traductor

vertaler

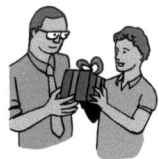

Gracias

bedankt

¿cuánto cuesta...?

Hoeveel kost ...?

No entiendo

Ik begrijp het niet

problema

probleem

¡Buenas tardes!

Goedenavond!

¡Buenos días!

Goedemorgen!

¡Buenas noches!

Goedenavond!

adiós

Tot ziens

dirección

richting

equipaje

bagage

bolso

zak

mochila

rugzak

invitado

gast

habitación

kamer

bolsa de dormir

slaapzak

carpa

tent

información turística

toeristeninformatie

playa

strand

tarjeta de crédito

kredietkaart

desayuno

ontbijt

almuerzo

lunch

cena

avondeten

pasaje

ticket

ascensor

lift

sello

postzegel

frontera

grens

aduana

douane

embajada

ambassade

visa

visum

pasaporte

paspoort

transporte
transport

avión
vliegtuig

barco
schip

autobomba
brandweerwagen

camión
vrachtwagen

colectivo
bus

lancha a motor
motorboot

bicicleta
fiets

auto
auto

ferry

bote

moto

veerboot

boot

motor

patrullero

auto de carreras

auto de alquiler

politiewagen

racewagen

huurauto

alquiler de autos

carpoolen

grúa

sleepwagen

camión de basura

vuilniswagen

motor

motor

nafta

benzine

estación de servicio

benzinestation

señal de tránsito

verkeersbord

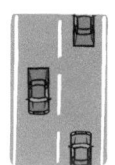

tránsito

verkeer

embotellamiento

file

estacionamiento

parkeerplaats

estación de tren

station

vías

sporen

tren

trein

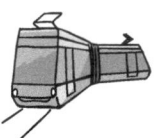

tranvía

tram

vagón

wagon

helicóptero

helikopter

aeropuerto

luchthaven

torre

toren

pasajero

passagier

contenedor

container

caja de cartón

karton

carretilla

kar

canasta

mand

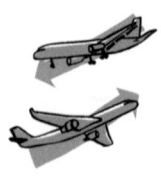

despegar / aterrizar

opstijgen / landen

ciudad

stad

pueblo

dorp

centro de ciudad

stadscentrum

casa

huis

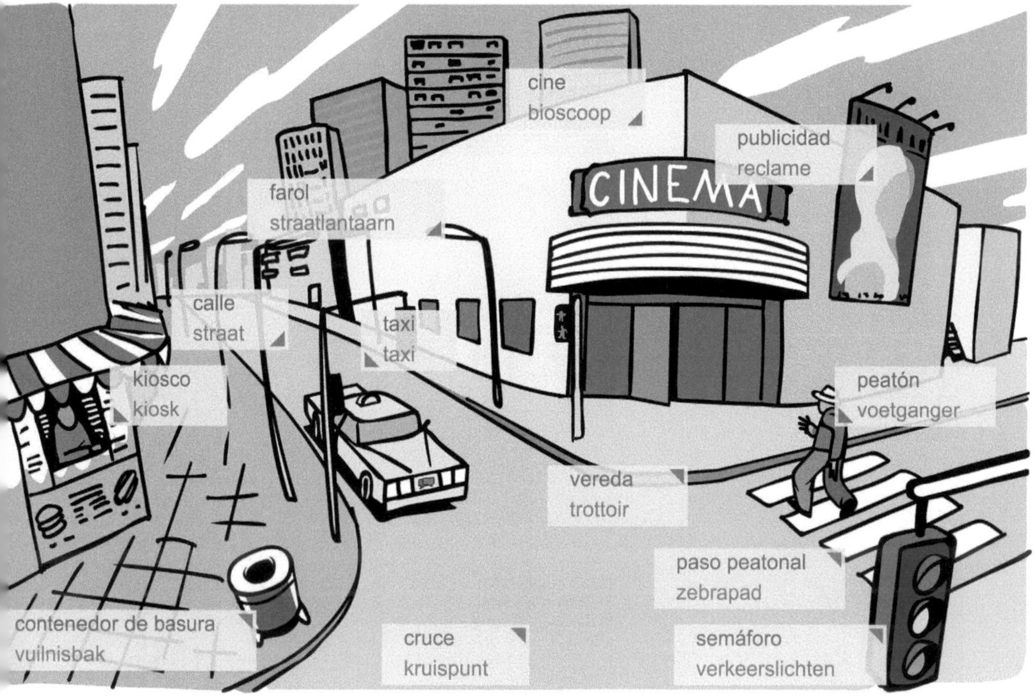

cine
bioscoop

publicidad
reclame

farol
straatlantaarn

CINEMA

calle
straat

taxi
taxi

kiosco
kiosk

peatón
voetganger

vereda
trottoir

paso peatonal
zebrapad

contenedor de basura
vuilnisbak

cruce
kruispunt

semáforo
verkeerslichten

cabaña

hut

departamento

woning

estación de tren

station

municipalidad

stadshuis

museo

museum

colegio

school

universidad

universiteit

banco

bank

hospital

ziekenhuis

hotel

hotel

farmacia

apotheek

oficina

kantoor

librería

boekwinkel

negocio

winkel

florería

bloemenwinkel

supermercado

supermarkt

mercado

markt

grandes tiendas

warenhuis

pescadería

vishandelaar

centro comercial

winkelcentrum

puerto

haven

parque
park

banco
bank

puente
brug

escaleras
trap

subte
metro

túnel
tunnel

parada del colectivo
bushalte

bar
bar

restaurante
restaurant

buzón
brievenbus

letrero
straatnaambord

parquímetro
parkeermeter

zoológico
zoo

pileta
zwembad

mezquita
moskee

granja

boerderij

contaminación

milieuverontreiniging

cementerio

kerkhof

iglesia

kerk

juegos infantiles

speelplaats

templo

tempel

paisaje
landschap

hoja
blad

poste indicador
wegwijzer

camino
weg

pradera
weide

piedra
steen

árbol
boom

excursionista
wandelaar

río
rivier

hierba
gras

flor
bloem

valle
vallei

montaña
heuvel

lago
meer

bosque
bos

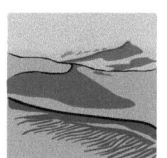

desierto
woestijn

volcán
vulkaan

castillo
kasteel

arco iris
regenboog

champiñón
paddenstoel

palmera
palmboom

mosquito
mug

mosca
vlieg

hormiga
mier

abeja
bijl

araña
spin

escarabajo

kever

rana

kikker

ardilla

eekhoorn

erizo

egel

liebre

haas

lechuza

uil

pájaro

vogel

cisne

zwaan

jabalí

wild zwijn

ciervo

hert

alce

eland

presa

dam

aerogenerador

windturbine

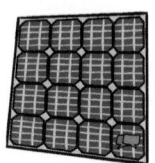

panel solar

zonnepaneel

clima

klimaat

restaurante

restaurant

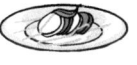

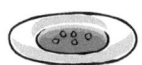

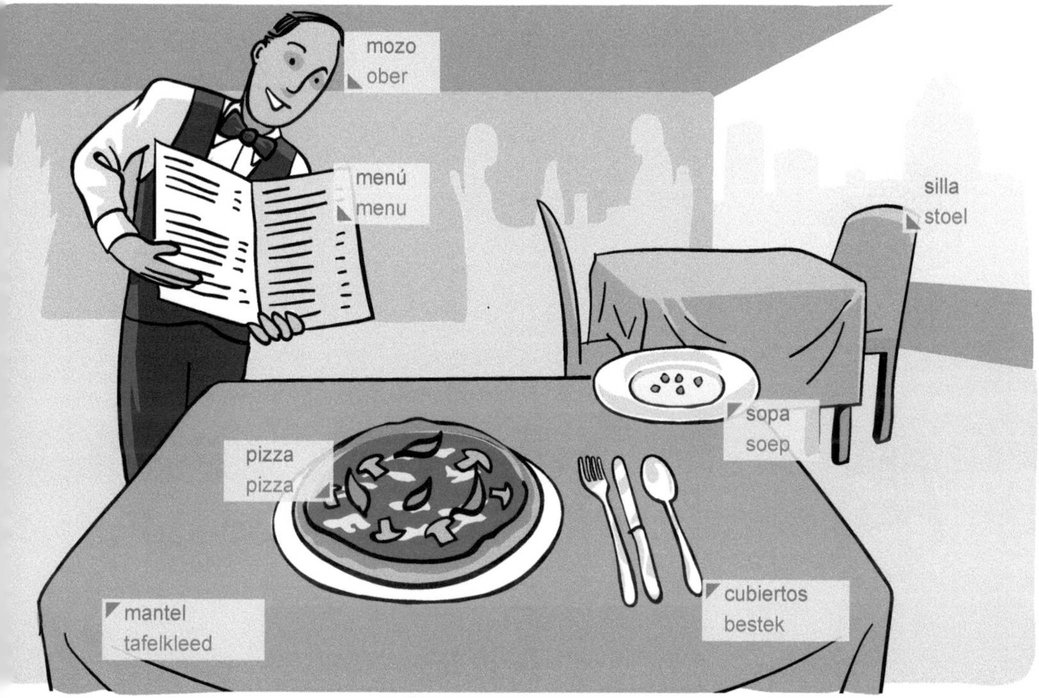

mozo
ober
menú
menu
silla
stoel
sopa
soep
pizza
pizza
mantel
tafelkleed
cubiertos
bestek

entrada

voorgerecht

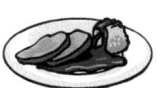

plato principal

hoofdgerecht

postre

nagerecht

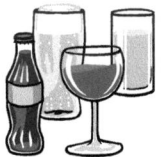

bebidas

drankjes

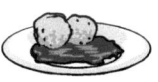

comida

eten

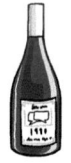

botella

fles

comida rápida
fastfood

comida callejera
street food

tetera
theepot

azucarera
suikerpot

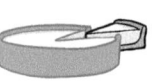

porción
portie

cafetera expreso
espressomachine

sillita alta
kinderstoel

cuenta
rekening

bandeja
dienblad

cuchillo
mes

tenedor
vork

cuchara
lepel

cucharita
theelepel

servilleta
serviette

vaso
glas

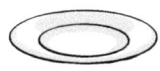

plato
bord

plato hondo
soepbord

plato
schoteltje

salsa
saus

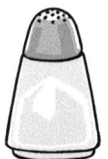

salero
zoutvatje

molinillo de pimienta
pepermolen

vinagre
azijn

aceite
olie

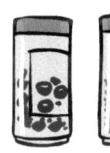

especias
kruiden

kétchup
ketchup

mostaza
mosterd

mayonesa
mayonaise

supermercado
supermarkt

oferta especial
aanbieding
cliente
klant
lácteos
zuivelproducten
fruta
fruit
changuito
winkelwagen

BUTCHERS

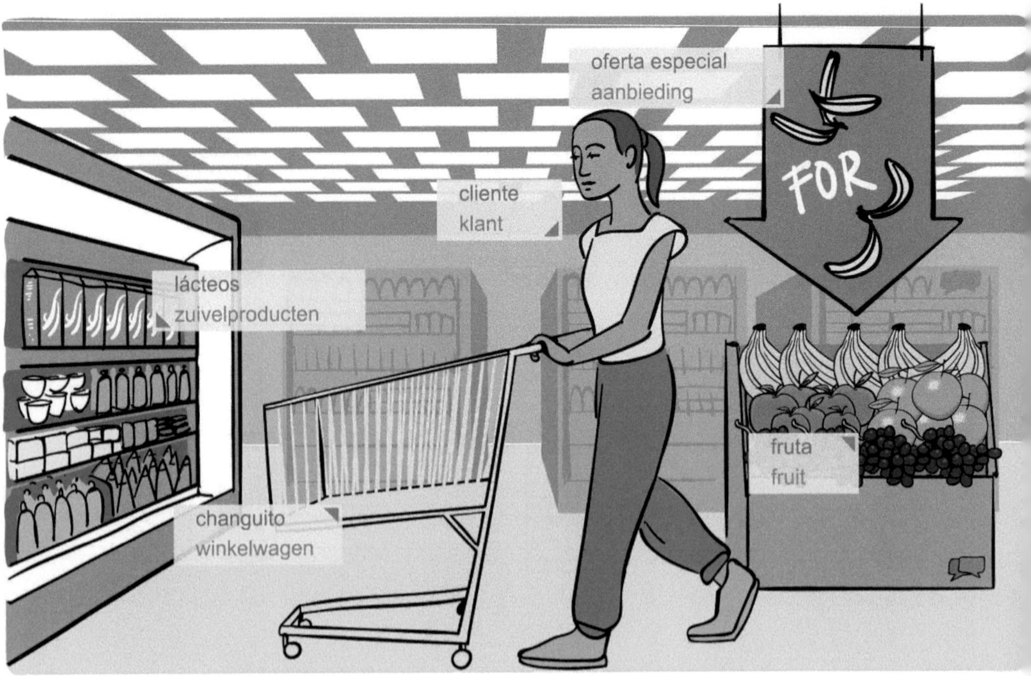

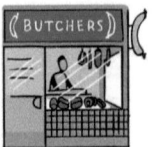

carnicería

slagerij

BAKERY

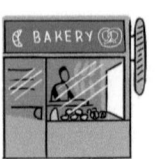

panadería

bakkerij

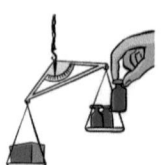

pesar

wegen

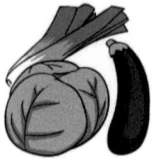

verduras

groenten

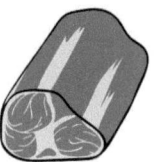

carne

vlees

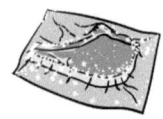

alimentos congelados

diepvriesvoedsel

fiambres

charcuterie

alimentos enlatados

conserven

detergente en polvo

waspoeder

golosinas

snoep

electrodomésticos

huishoudproducten

productos de limpieza

schoonmaakproducten

vendedora

verkoopster

caja

kassa

cajero

kassier

lista de compras

boodschappenlijstje

horario de atención

openingstijden

billetera

portefeuille

tarjeta de crédito

kredietkaart

cartera

tas

bolsa de plástico

plastieken zakje

agua

water

jugo

sap

leche

melk

bebida cola

cola

vino

wijn

cerveza

bier

alcohol

alcohol

cacao

cacao

té

thee

café

koffie

café expreso

espresso

cappuccino

cappuccino

banana

banaan

manzana

appel

naranja

sinaasappel

melón

meloen

limón

citroen

zanahoria

wortel

ajo

knoflook

bambú

bamboe

cebolla

ajuin

champiñón

champignon

nueces

noten

fideos

noodles

tallarines

spaghetti

arroz

rijst

ensalada

salade

papas fritas

frieten

papas fritas

gebakken aardappelen

pizza

pizza

hamburguesa

hamburger

sándwich

sandwich

churrasco

kalfslapje

jamón

ham

salame

salami

salchicha

worst

pollo

kip

asado

braden

pescado

vis

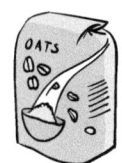

copos de avena

havervlokken

muesli

muesli

copos de maíz

cornflakes

harina

bloem

medialuna

croissant

pancito

pistolet

pan

brood

tostada

toast

galletitas

koekjes

manteca

boter

cuajada

kwark

torta

taart

huevo

ei

huevo frito

spiegelei

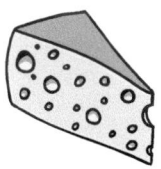

queso

kaas

helado

ijs

azúcar

suiker

miel

honing

mermelada

confituur

pasta de chocolate

choco

curry

curry

granja
boerderij

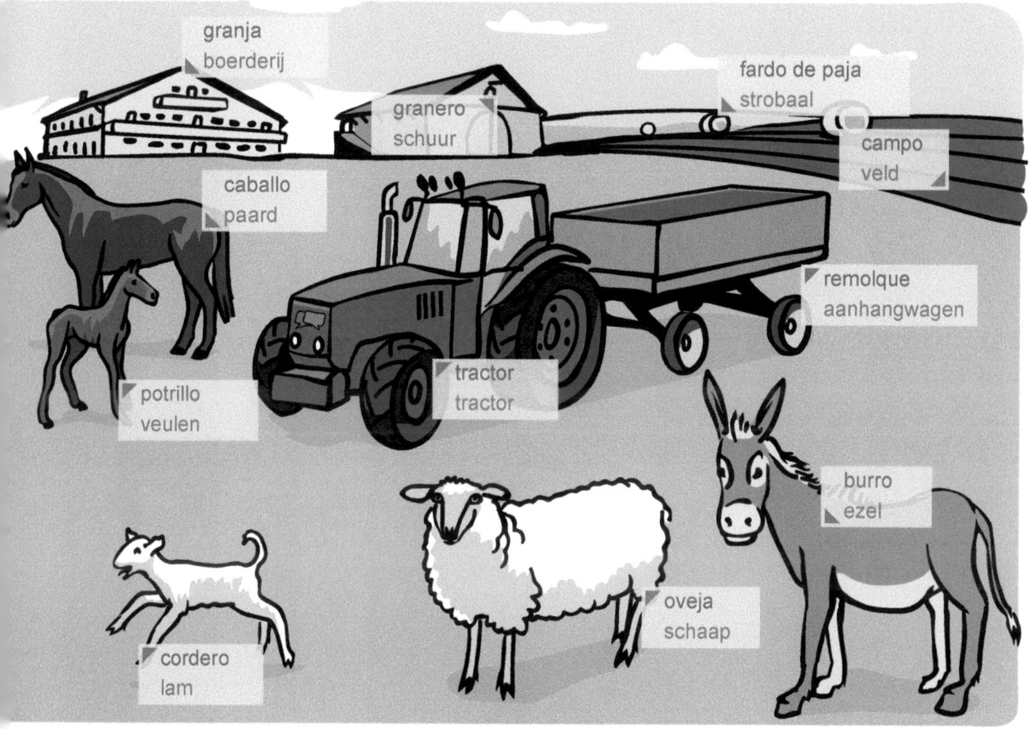

granja
boerderij
granero
schuur
fardo de paja
strobaal
campo
veld
caballo
paard
remolque
aanhangwagen
potrillo
veulen
tractor
tractor
burro
ezel
oveja
schaap
cordero
lam

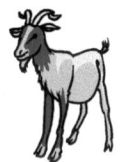

cabra

geit

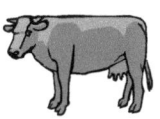

vaca

koe

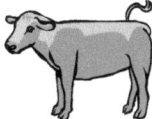

ternero

kalf

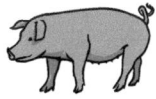

cerdo

varken

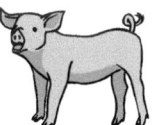

lechón

biggetje

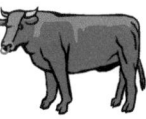

toro

stier

ganso
gans

pato
eend

pollo
kuiken

gallina
kip

gallo
haan

rata
rat

gato
kat

ratón
muis

buey
os

perro
hond

cucha
hondenhok

manguera
tuinslang

regadera
gieter

guadaña
zeis

arado
ploeg

hoz

sikkel

azada

schoffel

horquilla

hooivork

hacha

bijl

carretilla

kruiwagen

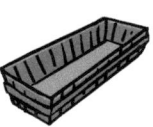

abrevadero

trog

lechera

melkkan

bolsa

zak

reja

hek

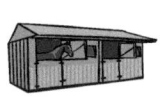

establo

stal

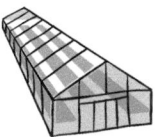

invernadero

broeikas

suelo

bodem

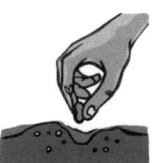

semilla

zaad

fertilizador

mest

cosechadora

maaidorser

cosechar

oogsten

cosecha

oogst

batatas

yam

trigo

tarwe

soja

soja

papa

aardappel

maíz

maïs

semilla de colza

koolzaad

árbol frutal

fruitboom

mandioca

maniok

cereales

graan

casa
huis

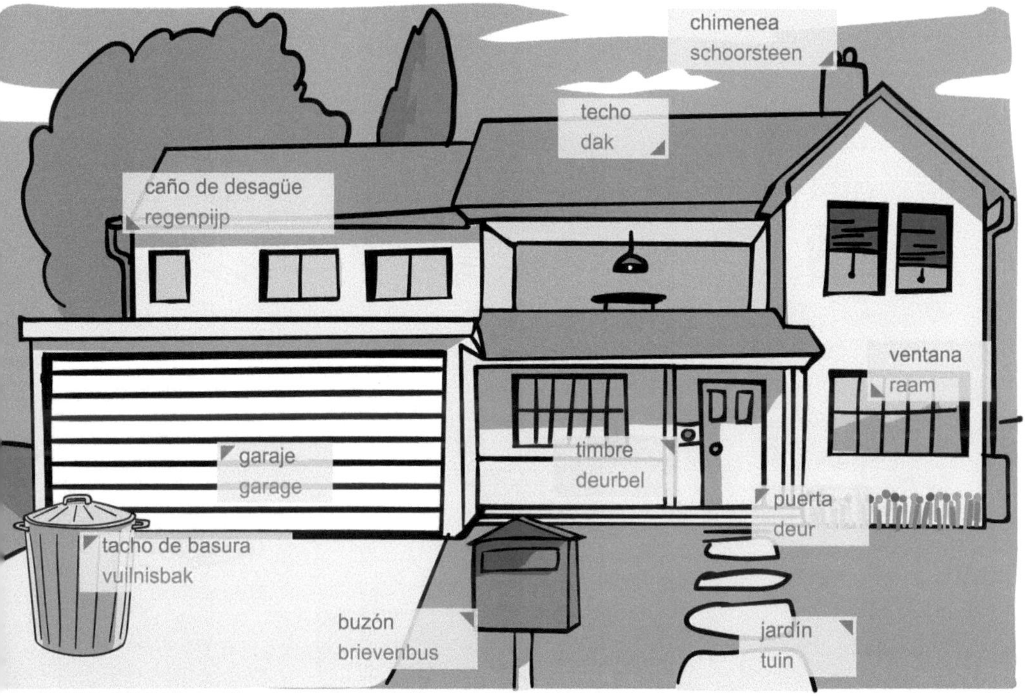
chimenea
schoorsteen
techo
dak
caño de desagüe
regenpijp
ventana
raam
garaje
garage
timbre
deurbel
puerta
deur
tacho de basura
vuilnisbak
buzón
brievenbus
jardín
tuin

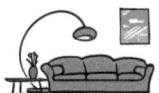

living

woonkamer

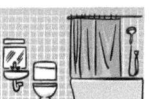

baño

badkamer

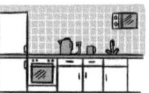

cocina

keuken

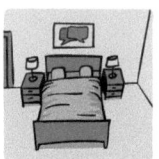

dormitorio

slaapkamer

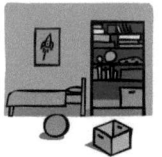

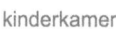

cuarto de los chicos

kinderkamer

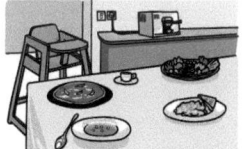

comedor

eetkamer

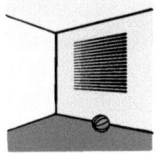

piso
vloer

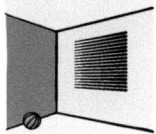

pared
muur

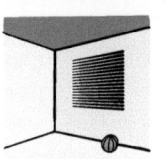

cielorraso
plafond

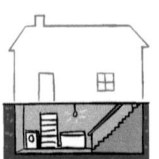

sótano
kelder

sauna
sauna

balcón
balkon

terraza
terras

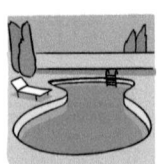

pileta
zwembad

cortadora de pasto
grasmaaier

sábana
dekbedovertrek

acolchado
dekbed

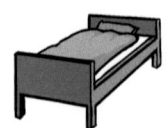

cama
bed

escoba
bezem

balde
emmer

interruptor
schakelaar

living
woonkamer

empapelado
behangpapier
imagen
foto
lámpara
lamp
estante
schap
armario
kast
televisión
televisie
chimenea
open haard
flor
bloem
almohadón
kussen
sofá
sofa
florero
vaas
control remoto
afstandsbediening

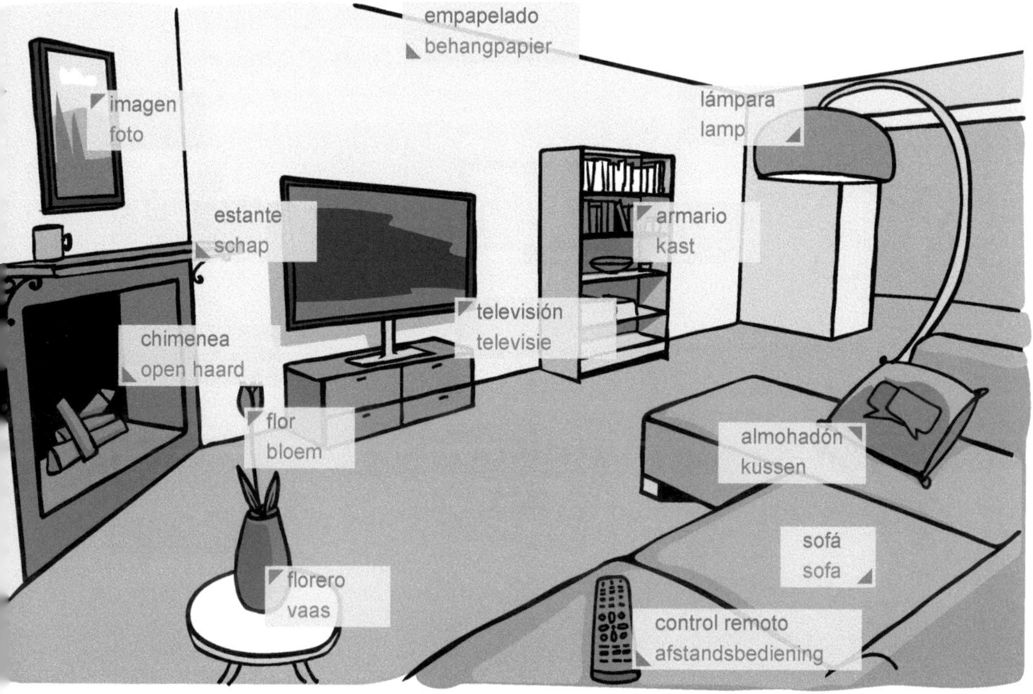

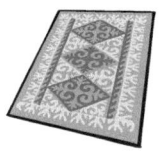

alfombra

mat

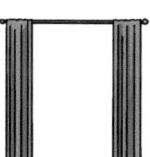

cortina

gordijn

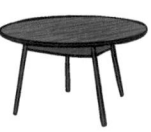

mesa

tafel

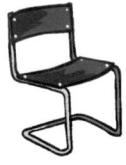

silla

stoel

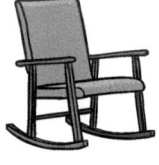

mecedora

schommelstoel

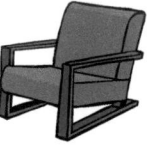

sillón

fauteuil

libro
boek

frazada
deken

decoración
decoratie

leña
brandhout

película
film

equipo de música
stereo-installatie

llave
sleutel

diario
krant

pintura
schilderij

póster
poster

radio
radio

cuaderno
notitieboekje

aspiradora
stofzuiger

cactus
cactus

vela
kaars

cocina
keuken

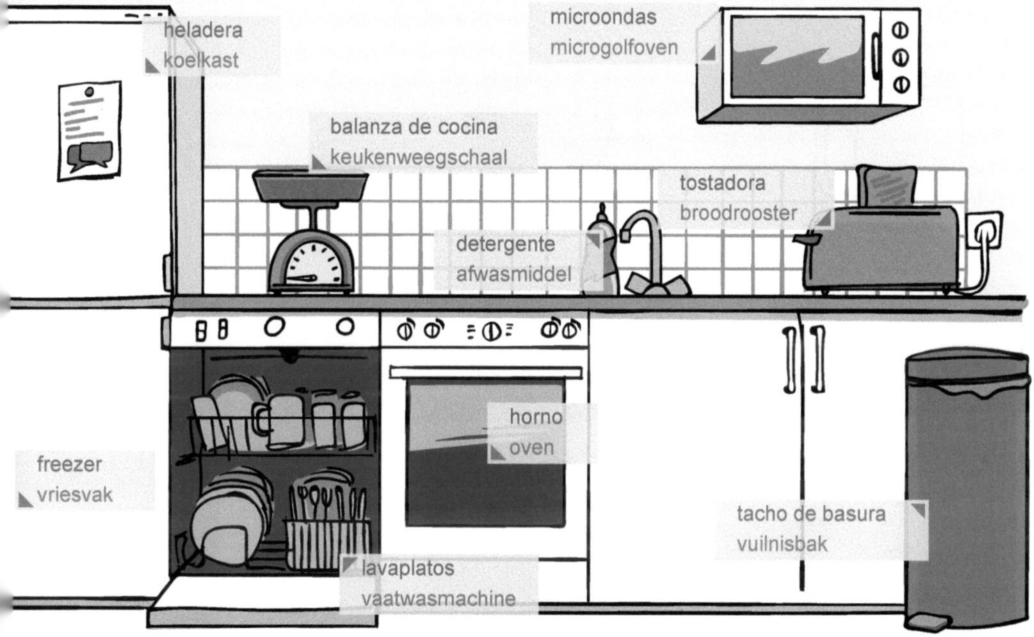
heladera
koelkast
microondas
microgolfoven
balanza de cocina
keukenweegschaal
tostadora
broodrooster
detergente
afwasmiddel
horno
oven
freezer
vriesvak
tacho de basura
vuilnisbak
lavaplatos
vaatwasmachine

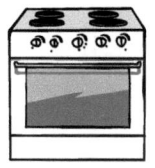

cocina

fornuis

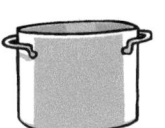

olla

pot

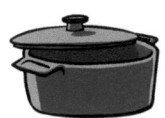

olla de hierro fundido

gietijzeren pot

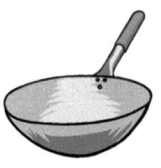

wok

wok / kadai

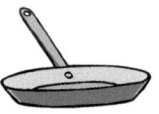

sartén

pan

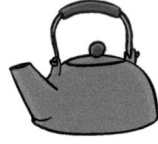

pava

waterkoker

vaporera

stoomkoker

bandeja de horno

bakplaat

vajilla

servies

taza

mok

bol

kom

palitos

eetstokjes

cucharón

pollepel

estpátula

spatel

batidora

garde

colador

vergiet

colador

zeef

rallador

rasp

mortero

mortier

parrilla

barbecue

fogata

haardvuur

tabla de picar

snijplank

palo de amasar

deegrol

sacacorchos

kurkentrekker

lata

blik

abrelatas

blikopener

manopla

pannenlap

pileta

gootsteen

cepillo

borstel

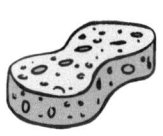

esponja

spons

batidora

blender

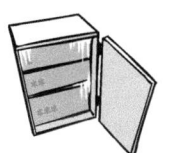

congelador

vriezer

mamadera

papfles

canilla

kraan

baño

badkamer

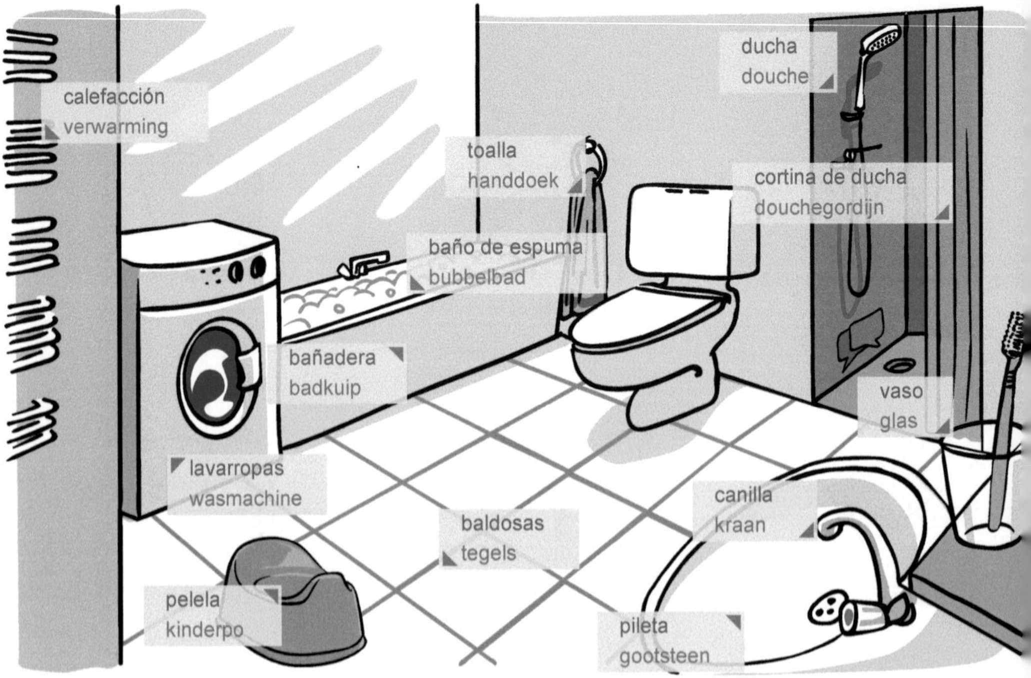
ducha
douche
calefacción
verwarming
toalla
handdoek
cortina de ducha
douchegordijn
baño de espuma
bubbelbad
bañadera
badkuip
vaso
glas
lavarropas
wasmachine
canilla
kraan
baldosas
tegels
pelela
kinderpo
pileta
gootsteen

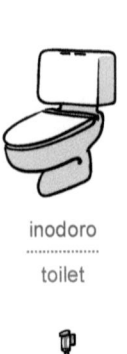

inodoro

toilet

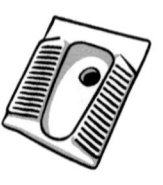

letrina

hurktoilet

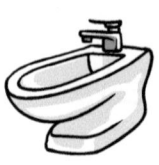

bidé

bidet

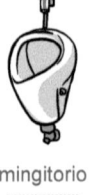

mingitorio

urinoir

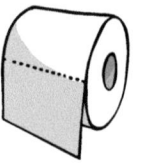

papel higiénico

toiletpapier

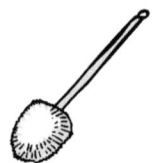

cepillo para el inodoro

toiletborstel

cepillo de dientes

tandenborstel

dentífrico

tandpasta

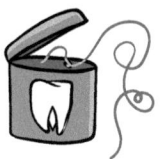

hilo dental

flosdraad

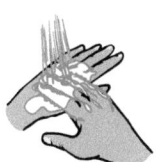

lavar

wassen

ducha de mano

handdouche

ducha higiénica

bidethanddouche

palangana

waskom

cepillo para espalda

rugborstel

jabón

zeep

gel de ducha

douchegel

shampoo

shampoo

toallita

washandje

desagüe

afvoer

crema

crème

desodorante

deodorant

espejo

spiegel

espejito

handspiegel

maquinita de afeitar

scheermes

espuma de afeitar

scheerschuim

aftershave

aftershave

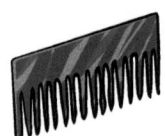

peine

kam

cepillo

borstel

secador de pelo

haardroger

spray

haarlak

maquillaje

make-up

lápiz de labios

lippenstift

esmalte para uñas

nagellak

algodón

watten

tijera para uñas

nagelknipper

perfume

parfum

portacosméticos

toilettas

banqueta

kruk

balanza

weegschaal

bata

badjas

guantes de goma

latex handschoenen

tampón

tampon

toallita femenina

maandverband

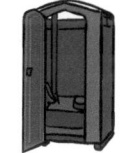

baño químico

chemisch toilet

cuarto de los chicos
kinderkamer

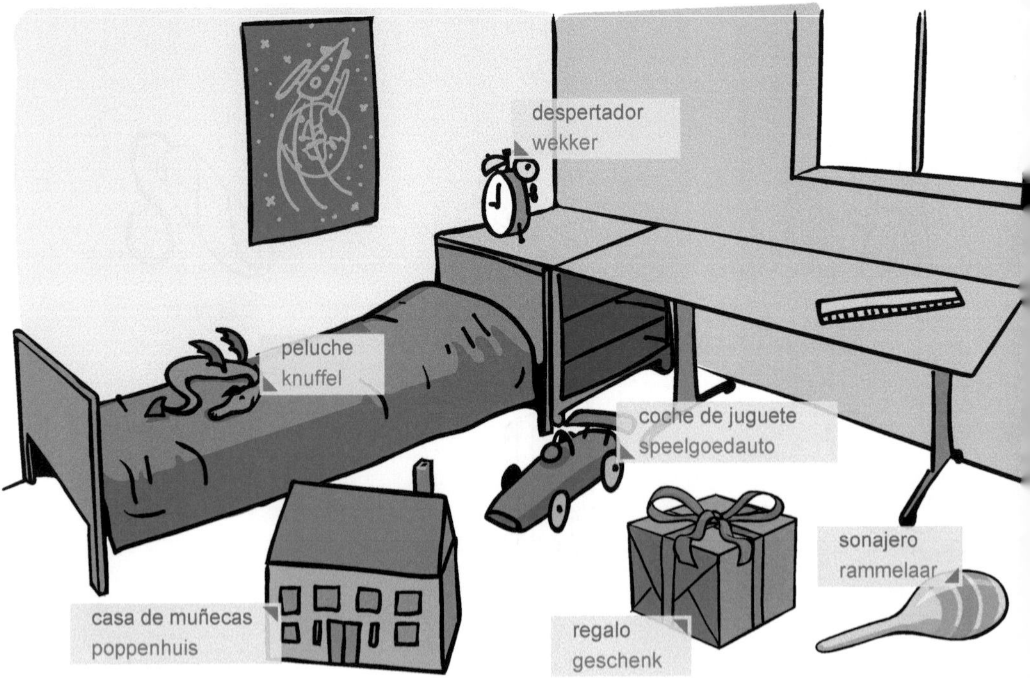
despertador
wekker
peluche
knuffel
coche de juguete
speelgoedauto
sonajero
rammelaar
casa de muñecas
poppenhuis
regalo
geschenk

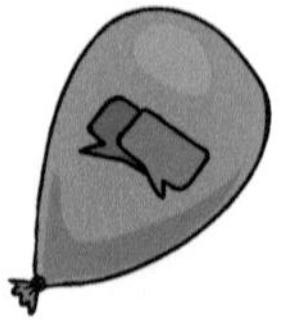

globo
ballon

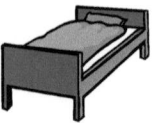

cama
bed

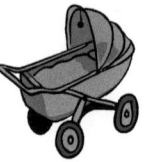

cochecito
kinderwagen

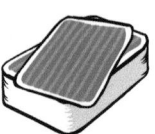

cartas
spel kaarten

rompecabezas
puzzel

SUPER
MEGA

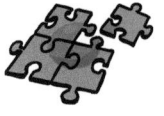

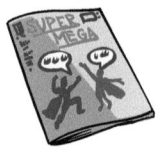

historieta
stripboek

piezas de lego

legoblokjes

ladrillos de juguete

blokken

figura de acción

actiefiguur

enterito (de bebé)

kruippakje

frisbee

frisbee

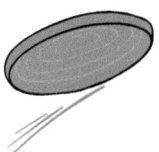

móvil para bebés

mobiel

juego de mesa

bordspel

dados

dobbelsteen

tren eléctrico

modelspoorweg

chupete

fopspeen

fiesta

feest

libro de cuentos ilustrado

prentenboek

pelota

bal

muñeca

pop

jugar

spelen

arenero

zandbak

hamaca

schommel

juguetes

speelgoed

consola de videojuegos

spelconsole

triciclo

driewieler

osito de peluche

knuffelbeer

armario

kleerkast

ropa

kleding

medias

sokken

medias panty

kousen

calzas

maillot

bufanda
sjaal

cinturón
riem

paraguas
paraplu

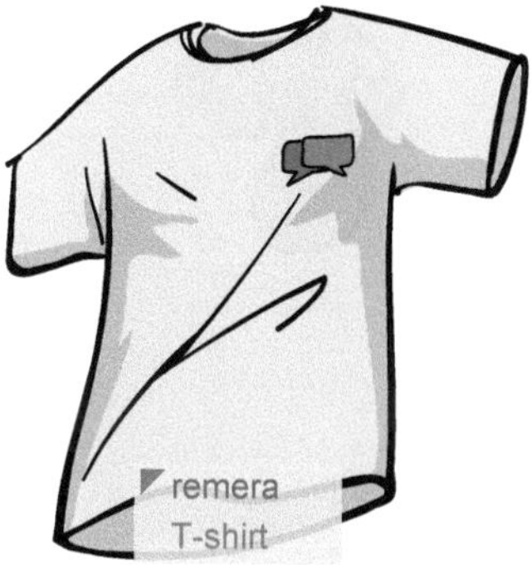

remera
T-shirt

zapatillas
sneakers

botas
laarzen

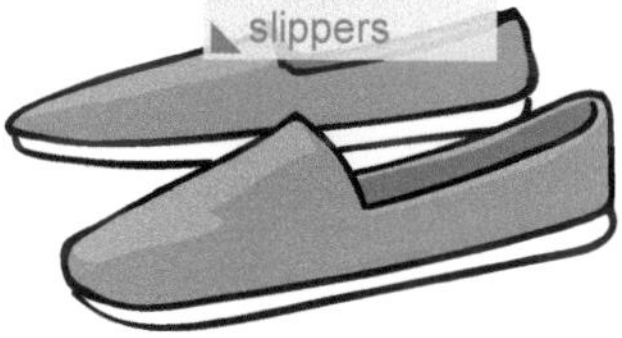

pantuflas
slippers

sandalias
sandalen

zapatos
schoenen

botas de goma
rubberlaarzen

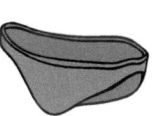

ropa interior
onderbroek

corpiño
beha

chaleco
onderhemd

body
lichaam

pantalones
broek

jeans
jeans

pollera
rok

blusa
blouse

camisa
hemd

pulóver
trui

buzo
capuchontrui

blazer
blazer

campera
jas

tapado
jas

piloto
regenjas

traje
kostuum

vestido
jurk

vestido de novia
trouwjurk

traje

pak

camisón

nachthemd

pijama

pyjama

sari

sari

pañuelo para cabeza

hoofddoek

turbante

tulband

burka

boerka

caftán

kaftan

abaya

abaya

traje de baño

badpak

short de baño

zwembroek

shorts

short

jogging

trainingspak

delantal

schort

guantes

handschoenen

botón

knoop

anteojos

bril

pulsera

armband

collar

ketting

anillo

ring

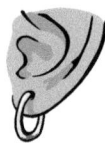

aro

oorbel

gorra

pet

percha

kapstok

sombrero

hoed

corbata

das

cierre

rits

casco

helm

tiradores

bretellen

uniforme escolar

schooluniform

uniforme

uniform

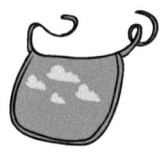

babero
....
slabbetje

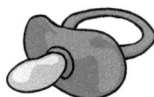

chupete
....
fopspeen

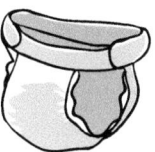

pañal
....
luier

oficina
kantoor

servidor
server
archivero
dossierkast
impresora
printer
papel
papier
monitor
monitor
mouse
muis
escritorio
bureau
carpeta
map
teclado
toestenbord
tacho (de basura)
papiermand
computadora
computer
silla
stoel

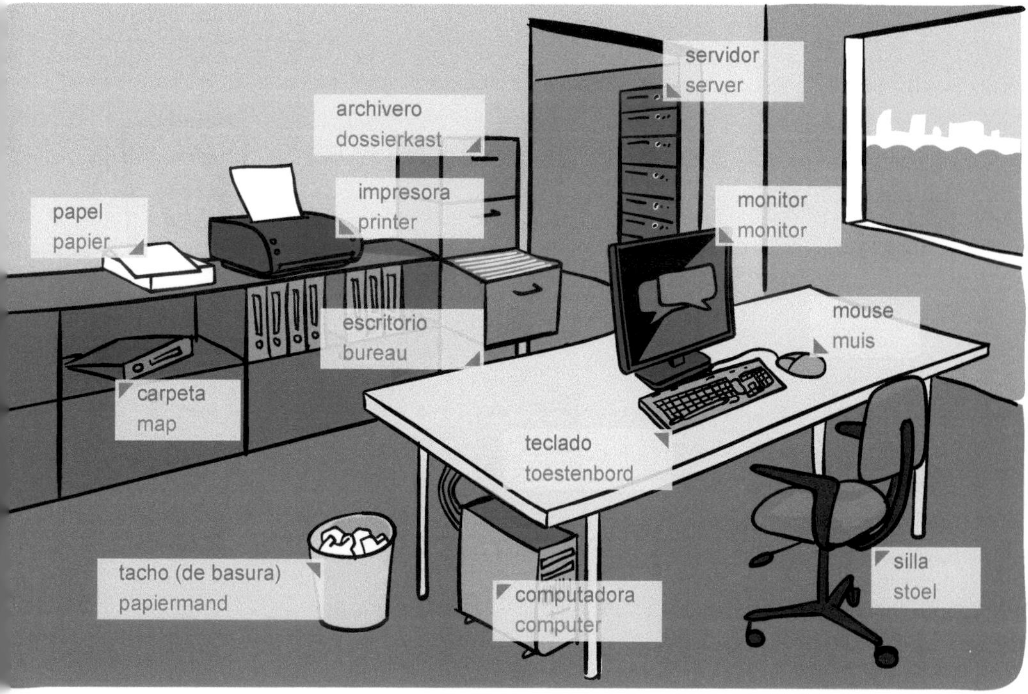

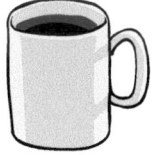

taza de café
....
koffiemok

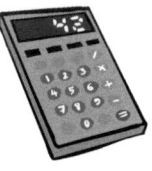

calculadora
....
rekenmachine

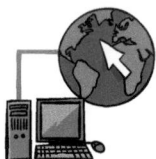

internet
....
internet

laptop
laptop

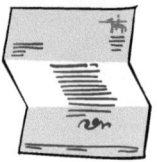

carta
brief

mensaje
bericht

celular
gsm

red
netwerk

fotocopiadora
kopieerapparaat

software
software

teléfono
telefoon

tomacorriente
stopcontact

fax
fax

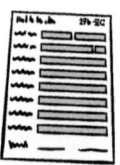

formulario
formulier

documento
document

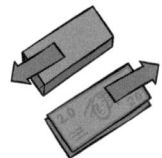

comprar

kopen

pagar

betalen

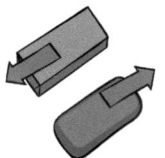

hacer negocios

handelen

dinero

geld

USD

dólar

dollar

EUR

euro

euro

JPY

yen

yen

RUB

rublo

roebel

CHF

franco suizo

Zwitserse frank

CNY

yuan

Chinese renminbi

INR

rupia

roepie

cajero automático

geldautomaat

casa de cambio

wisselkantoor

oro

goud

plata

zilver

petróleo

olie

energía

energie

precio

prijs

contrato

contract

impuesto

belasting

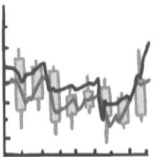

acción

aandeel

trabajar

werken

empleado

werknemer

empleador

werkgever

fábrica

fabriek

negocio

winkel

ocupaciones
beroepen

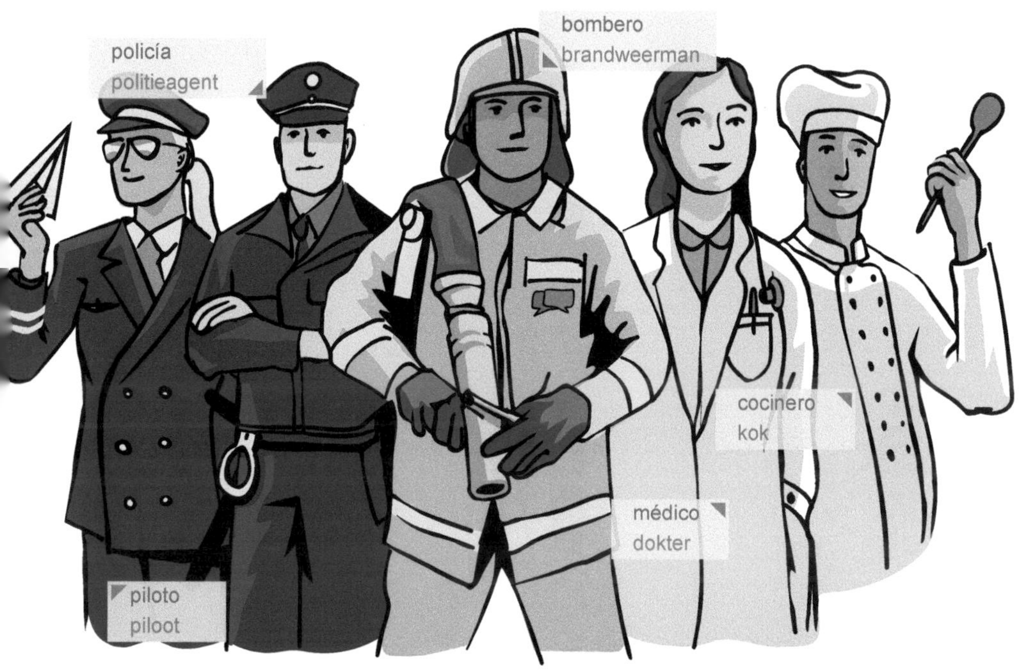

policía
politieagent
bombero
brandweerman
cocinero
kok
médico
dokter
piloto
piloot

jardinero

tuinman

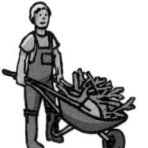

carpintero

timmerman

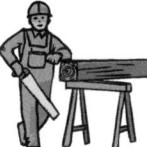

modista

naaister

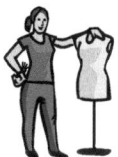

juez

rechter

farmacéutico

chemicus

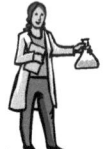

actor

acteur

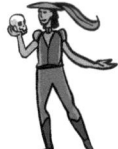

colectivero

buschauffeur

taxista

taxichauffeur

pescador

visser

mucama

schoonmaakster

techista

dakdekker

mozo

ober

cazador

jager

pintor

schilder

panadero

bakker

electricista

elektricien

albañil

bouwvakker

ingeniero

ingenieur

carnicero

slager

plomero

loodgieter

cartero

postbode

soldado
soldaat

arquitecto
architect

cajero
kassier

florista
bloemist

peluquero
kapper

cobrador
conducteur

mecánico
mecanicien

capitán
kapitein

dentista
tandarts

científico
wetenschapper

rabino
rabbijn

imán
imam

monje
monnik

sacerdote
geestelijke

herramientas
werktuigen

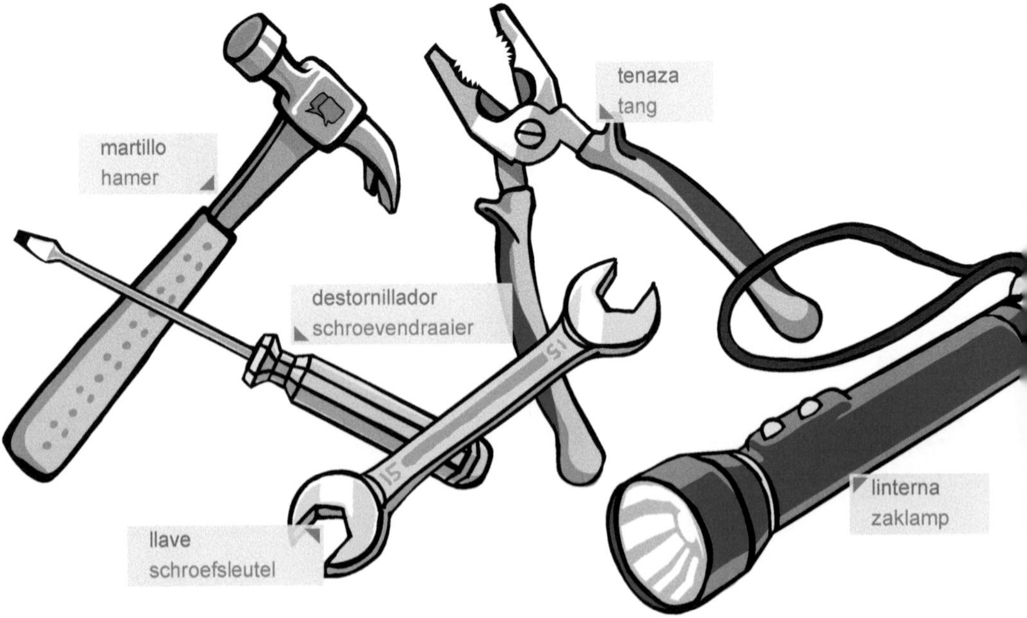
tenaza
tang
martillo
hamer
destornillador
schroevendraaier
linterna
zaklamp
llave
schroefsleutel

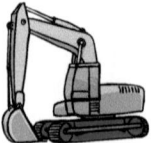

excavadora

graafmachine

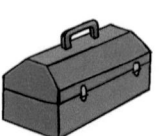

caja de herramientas

gereedschapskoffer

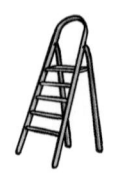

escalera portátil

ladder

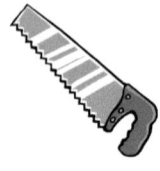

sierra

zaag

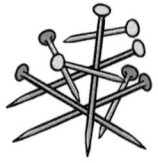

clavos

spijkers

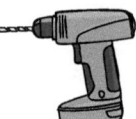

taladro

boormachine

arreglar
repareren

pala de jardín
schop

¡Qué bronca!
Verdomme!

pala de plástico
blik

tacho de pintura
verfpot

tornillos
schroeven

instrumentos musicales
muziekinstrumenten

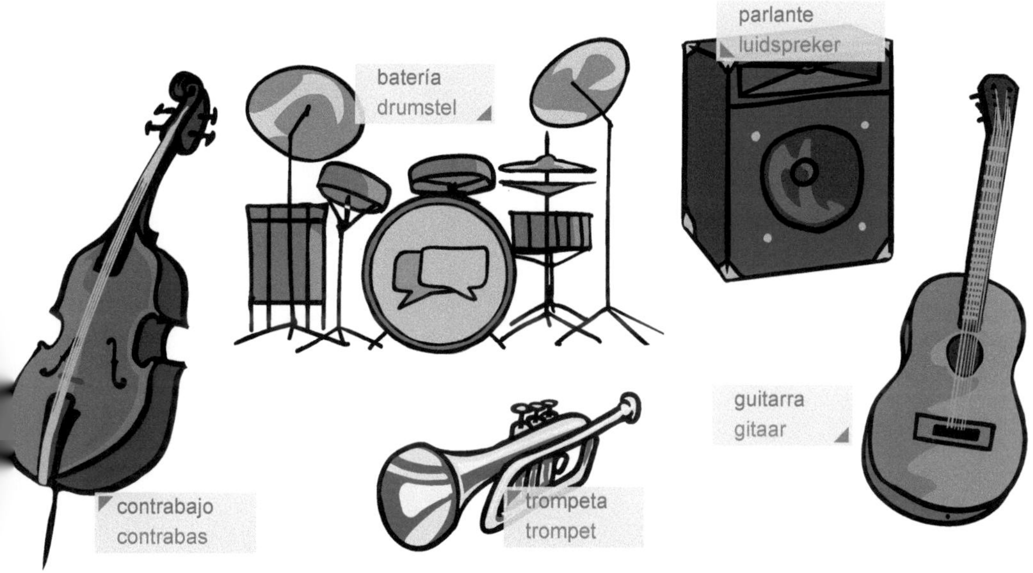

parlante
luidspreker

batería
drumstel

contrabajo
contrabas

trompeta
trompet

guitarra
gitaar

piano
piano

violín
viool

bajo
basgitaar

timbales
pauk

tambor
trommels

teclado
keyboard

saxofón
saxofoon

flauta
fluit

micrófono
microfoon

zoológico

zoo

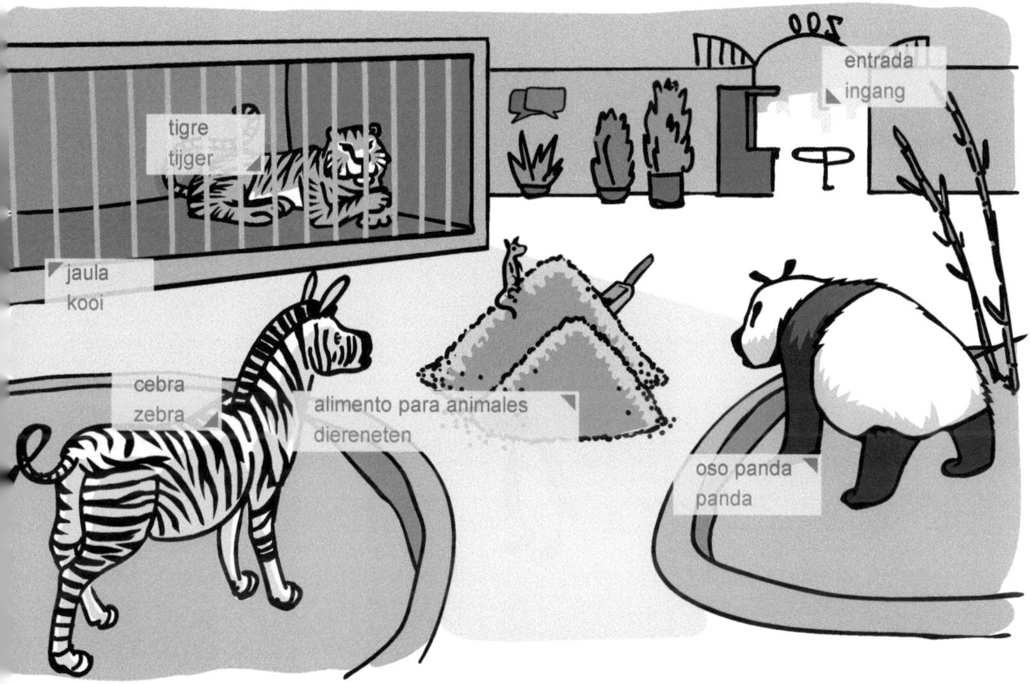
tigre
tijger
jaula
kooi
cebra
zebra
alimento para animales
diereneten
entrada
ingang
oso panda
panda

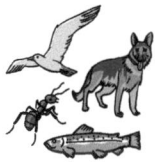

animales

dieren

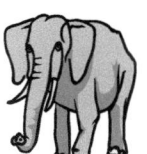

elefante

olifant

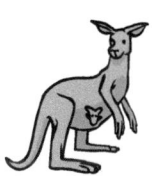

canguro

kangoeroe

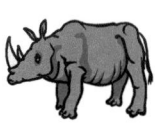

rinoceronte

neushoorn

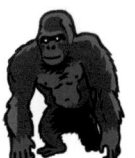

gorila

gorilla

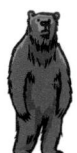

oso

beer

camello
kameel

avestruz
struisvogel

león
leeuw

mono
aap

flamenco
flamingo

loro
papegaai

oso polar
ijsbeer

pingüino
pinguïn

tiburón
haai

pavo real
pauw

serpiente
slang

cocodrilo
krokodil

cuidador del zoológico
dierenverzorger

foca
zeehond

jaguar
jaguar

poni

pony

leopardo

luipaard

hipopótamo

nijlpaard

jirafa

giraffe

águila

adelaar

jabalí

wild zwijn

pescado

vis

tortuga

zeeschildpad

morsa

walrus

zorro

vos

gacela

gazelle

fútbol americano
rugby

ciclismo
wielrennen

tenis
tennis

básquet
basketbal

natación
zwemmen

boxeo
boksen

hockey sobre hielo
ijshockey

fútbol
voetbal

bádminton
badminton

atletismo
atletiek

handball
handbal

esquí
skiën

polo
polo

actividades
activiteiten

saltar
springen
abrazar
knuffelen
reír
lachen
caminar
wandelen
cantar
zingen
soñar
dromen
rezar
bidden
besar
kussen

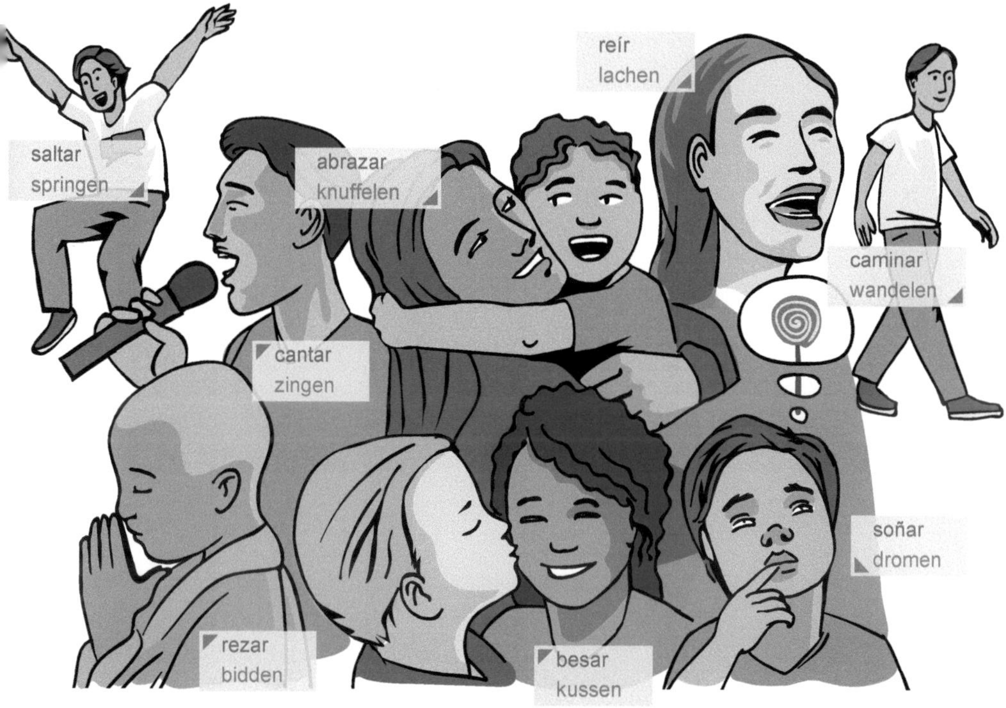

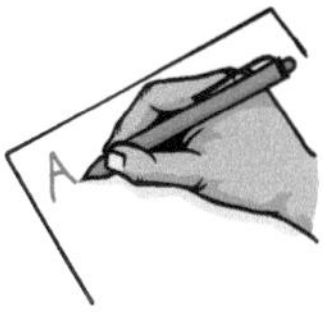

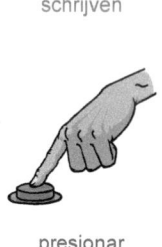

escribir

schrijven

dibujar

tekenen

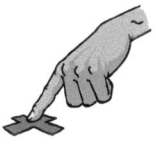

mostrar

tonen

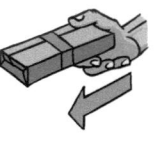

presionar

duwen

dar

geven

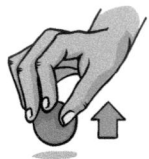

tomar

nemen

tener

hebben

hacer

doen

ser

zijn

estar parado

staan

correr

lopen

tirar

trekken

tirar

gooien

caer

vallen

estar acostado

liggen

esperar

wachten

llevar

dragen

estar sentado

zitten

vestirse

aankleden

dormir

slapen

despertar

ontwaken

mirar

kijken naar

llorar

wenen

acariciar

aaien

peinar

kammen

hablar

praten

entender

begrijpen

preguntar

vragen

escuchar

luisteren

beber

drinken

comer

eten

ordenar

opruimen

amar

houden van

cocinar

koken

manejar

rijden

volar

vliegen

navegar

zeilen

calcular

rekenen

leer

Lezen

aprender

leren

trabajar

werken

casarse

trouwen

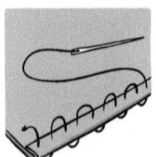

coser

naaien

cepillarse los dientes

tandenpoetsen

matar

doden

fumar

roken

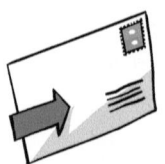

enviar

sturen

familia
familie

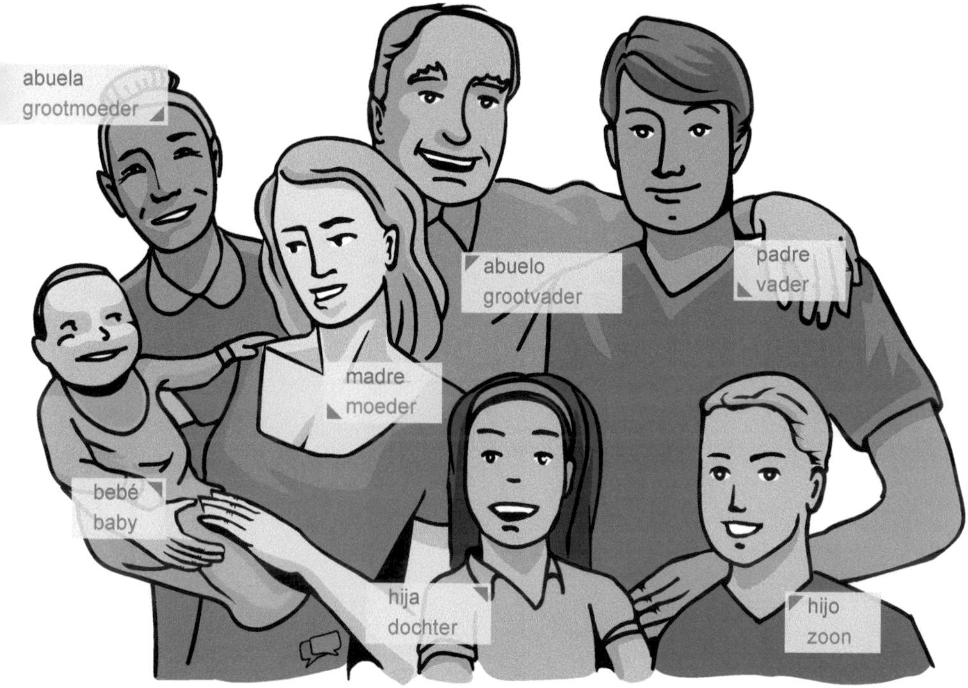
abuela
grootmoeder
abuelo
grootvader
padre
vader
madre
moeder
bebé
baby
hija
dochter
hijo
zoon

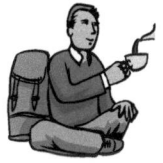

invitado

gast

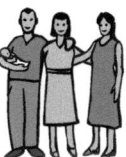

tía

tante

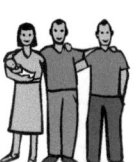

tío

oom

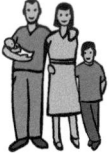

hermano

broer

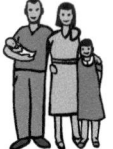

hermana

zus

cuerpo
lichaam

frente
voorhoofd
ojo
oog
hombro
schouder
dedo
vinger
cara
gezicht
pera
kin
mano
hand
pierna
been
pecho
borst
brazo
arm

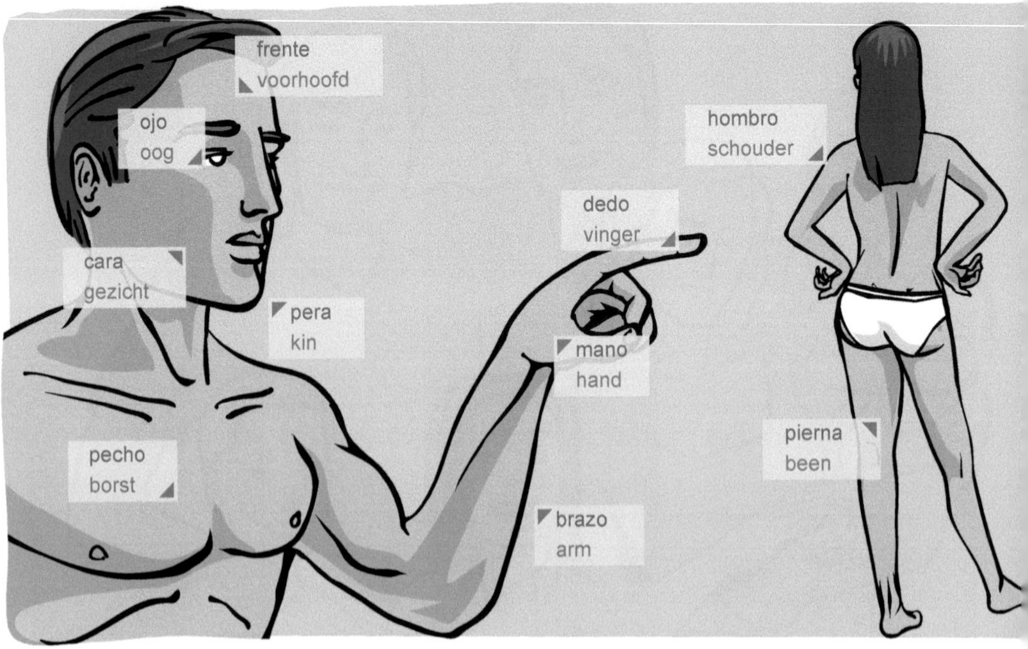

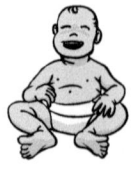

bebé

baby

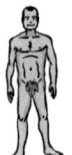

hombre

man

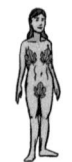

mujer

vrouw

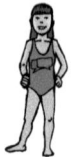

nena

meisje

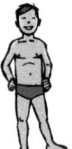

nene

jongen

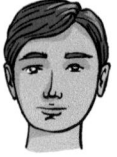

cabeza

hoofd

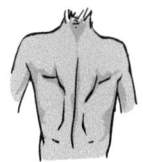

espalda

rug

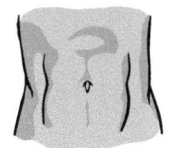

panza

buik

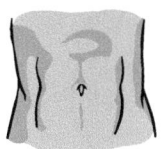

ombligo

navel

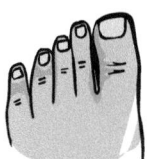

dedo del pie

teen

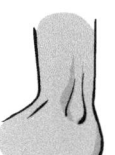

talón

hiel

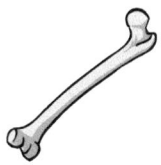

hueso

bot

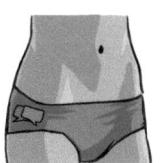

cadera

heup

rodilla

knie

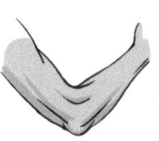

codo

elleboog

nariz

neus

cola

zitvlak

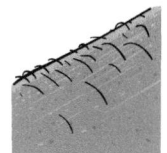

piel

huid

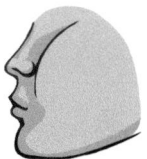

cachete

wang

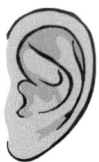

oreja

oor

labio

lip

boca

mond

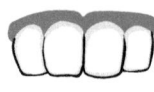

diente

tand

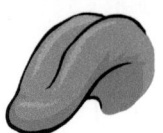

lengua

tong

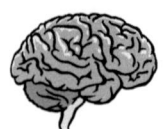

cerebro

hersenen

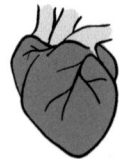

corazón

hart

músculo

spier

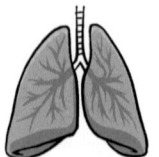

pulmón

long

hígado

lever

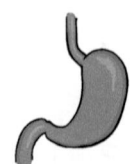

estómago

maag

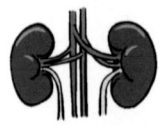

riñones

nieren

sexo

seks

preservativo

condoom

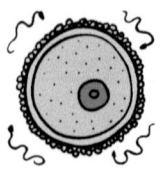

óvulo

eicel

semen

sperma

embarazo

zwangerschap

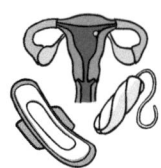

menstruación
....
menstruatie

vagina
....
vagina

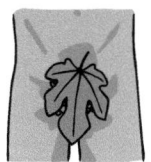

pene
....
penis

ceja
....
wenkbrauw

pelo
....
haar

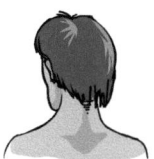

cuello
....
nek

hospital
ziekenhuis

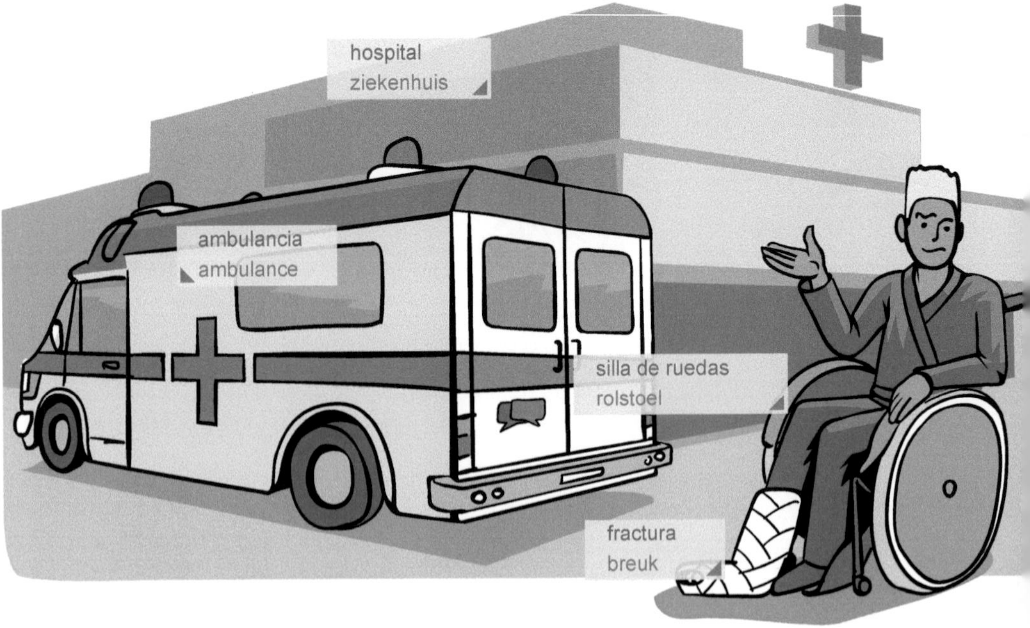

hospital
ziekenhuis
ambulancia
ambulance
silla de ruedas
rolstoel
fractura
breuk

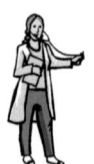

médico

dokter

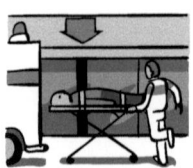

sala de guardia

spoed

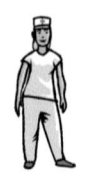

enfermera

verpleegkundige

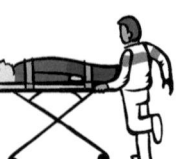

emergencia

noodgeval

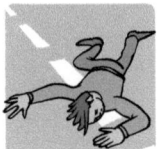

inconsciente

bewusteloos

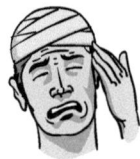

dolor

pijn

lesión
....
verwonding

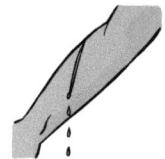

hemorragia
....
bloeding

infarto
....
hartaanval

ACV
....
beroerte

alergia
....
allergie

tos
....
hoest

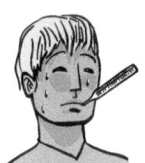

fiebre
....
koorts

gripe
....
griep

diarrea
....
diarree

dolor de cabeza
....
hoofdpijn

cáncer
....
kanker

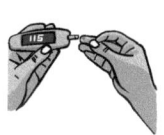

diabetes
....
diabetes

cirujano
....
chirurg

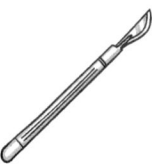

bisturí
....
scalpel

operación
....
operatie

TC

CT

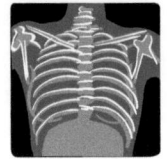

rayos x

röntgenstraal

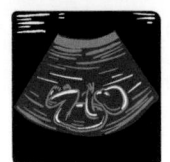

ecografía

ultrageluid

barbijo

gezichtsmasker

enfermedad

ziekte

sala de espera

wachtkamer

muleta

kruk

curita

pleister

venda

verband

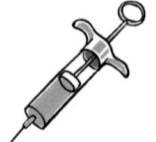

inyección

injectie

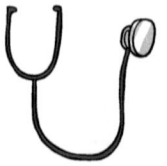

estetoscopio

stethoscoop

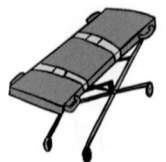

camilla

brancard

termómetro

thermometer

nacimiento

geboorte

sobrepeso

overgewicht

audífono

hoorapparaat

desinfectante

ontsmettingsmiddel

infección

infectie

virus

virus

VIH / SIDA

HIV / AIDS

remedio

medicijn

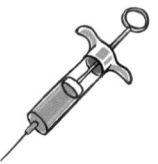

vacunación

vaccinatie

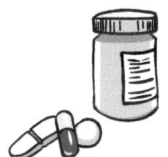

comprimidos

tabletten

pastilla anticonceptiva

pil

llamada de emergencia

noodoproep

tensiómetro

bloeddrukmeter

enfermo / sano

ziek / gezond

¡Ayuda!

Help!

alarma

alarm

agresión

overval

ataque

aanval

peligro

gevaar

salida de emergencia

nooduitgang

¡Fuego!

Brand!

matafuego

brandblusser

accidente

ongeval

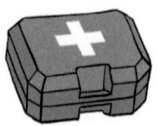

botiquín de primeros
auxilios

EHBO-kit

SOS

SOS

policía

politie

Europa

Europa

América del Norte

Noord-Amerika

América del Sur

Zuid-Amerika

África

Afrika

Asia

Azië

Australia

Australië

Atlántico

Atlantische Oceaan

Pacífico

Stille Oceaan

Océano Índico

Indische Oceaan

Océano Antártico

Antarctische Oceaan

Océano Ártico

Arctische Oceaan

polo norte

Noordpool

polo sur

Zuidpool

Antártida

Antarctica

Tierra

aarde

tierra

land

mar

zee

isla

eiland

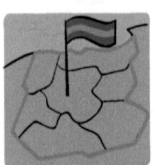

nación

natie

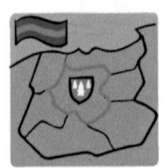

estado

staat

esfera

wijzerplaat

manecilla de las horas

uurwijzer

minutero

minuutwijzer

segundero

secondewijzer

¿Qué hora es?

Hoe laat is het?

día

dag

hora

tijd

ahora

nu

reloj digital

digitale horloge

minuto

minuut

hora

uur

semana
week

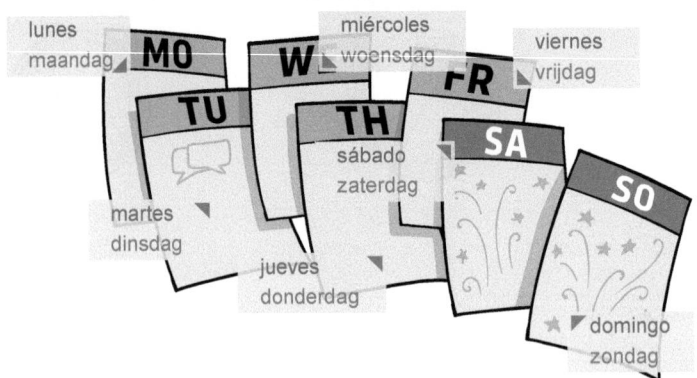

lunes
maandag

MO

miércoles
woensdag

W

viernes
vrijdag

FR

TU

TH

SA

martes
dinsdag

sábado
zaterdag

SO

jueves
donderdag

domingo
zondag

ayer

gisteren

hoy

vandaag

mañana

morgen

mañana

ochtend

mediodía

middag

tarde

avond

MO	TU	WE	TH	FR	SA	SU
1	2	3	4	5	6	7
8	9	10	11	12	13	14
15	16	17	18	19	20	21
22	23	24	25	26	27	28
29	30	31	1	2	3	4

días hábiles

werkdagen

MO	TU	WE	TH	FR	SA	SU
1	2	3	4	5	6	7
8	9	10	11	12	13	14
15	16	17	18	19	20	21
22	23	24	25	26	27	28
29	30	31	1	2	3	4

fin de semana

weekend

lluvia
regen

arco iris
regenboog

nieve
sneeuw

viento
wind

primavera
lente

otoño
herfst

verano
zomer

invierno
winter

4.APRIL	11°	☀
5.APRIL	4°	🌧
6.APRIL	13°	🌧
7.APRIL	8°	❄
8.APRIL	10°	☀

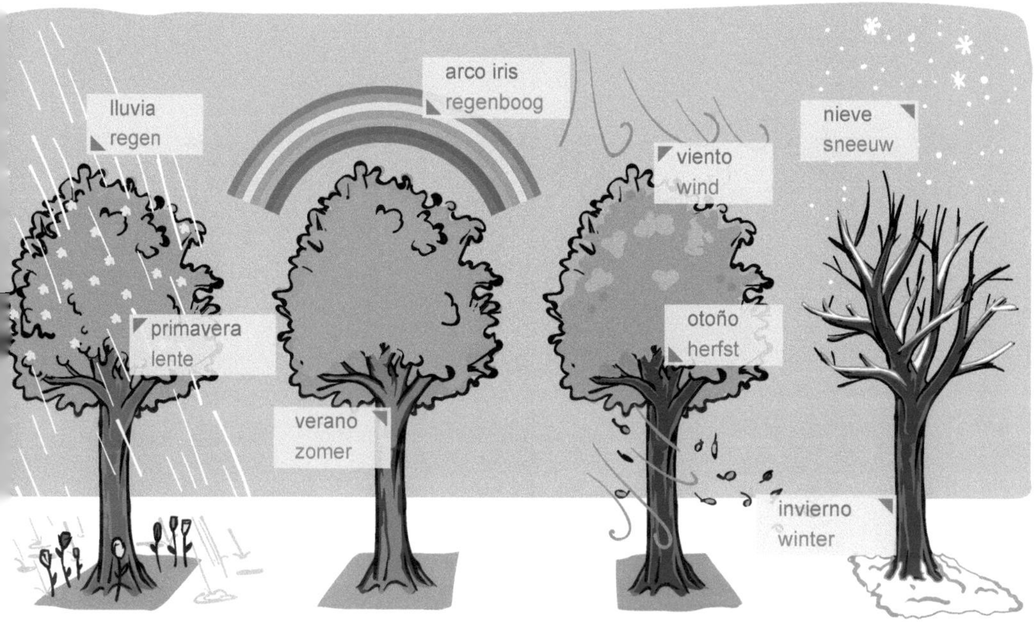

pronóstico meteorológico

weervoorspelling

termómetro

thermometer

luz del sol

zonneschijn

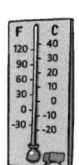

nube

wolk

niebla

mist

humedad

vochtigheid

rayo

bliksem

trueno

donder

tormenta

storm

granizo

hagel

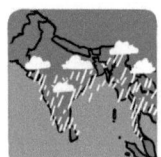

monzón

moesson

inundación

overstroming

hielo

ijs

enero

januari

febrero

februari

marzo

maart

abril

april

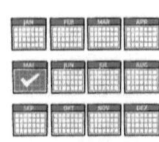

mayo

mei

junio

juni

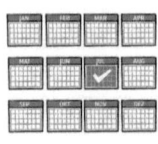

julio

juli

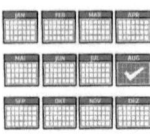

agosto

augustus

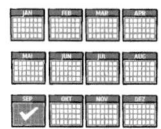

septiembre
....
september

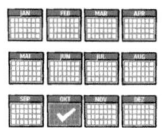

octubre
....
oktober

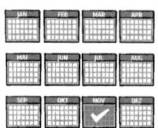

noviembre
....
november

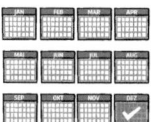

diciembre
....
december

formas
vormen

círculo
....
cirkel

cuadrado
....
kwadraat

rectángulo
....
rechthoek

triángulo
....
driehoek

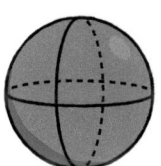

esfera
....
bol

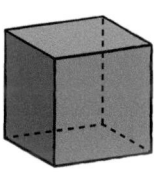

cubo
....
kubus

colores
kleuren

blanco

wit

amarillo

geel

naranja

oranje

rosa

roze

rojo

rood

violeta

paars

azul

blauw

verde

groen

marrón

bruin

gris

grijs

negro

zwart

mucho / poco

veel / weinig

enojado / tranquilo

boos / kalm

lindo / feo

mooi / lelijk

principio / fin

begin / einde

grande / chico

groot / klein

claro / oscuro

licht / donker

hermano / hermana

broer / zus

limpio / sucio

proper / vuil

completo / incompleto

volledig / onvolledig

día / noche

dag / nacht

muerto / vivo

dood / levend

ancho / angosto

breed / smal

comestible / no comestible

eetbaar / oneetbaar

malo / amable

kwaadaardig / vriendelijk

entusiasmado / aburrido

opgewonden / verveeld

gordo / flaco

dik / dun

primero / último

eerst / laatst

amigo / enemigo

vriend / vijand

lleno / vacío

vol / leeg

duro / blando

hard / zacht

pesado / liviano

zwaar / licht

hambre / sed

honger / dorst

enfermo / sano

ziek / gezond

ilegal / legal

illegaal / legaal

inteligente / estúpido

intelligent / dom

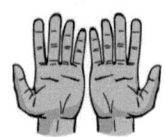

izquierda / derecha

links / rechts

cerca / lejos

dichtbij / veraf

nuevo / usado
·············
nieuw / gebruikt

nada / algo
·············
niets / iets

viejo / joven
·············
oud / jong

encendido / apagado
·············
aan / uit

abierto / cerrado
·············
open / dicht

silencioso / ruidoso
·············
stil / luid

rico / pobre
·············
rijk / arm

correcto / incorrecto
·············
juist / fout

áspero / suave
·············
ruw / glad

triste / contento
·············
droevig / blij

corto / largo
·············
kort / lang

lento / rápido
·············
traag / snel

mojado / seco
·············
nat / droog

caliente / frío
·············
warm / koud

guerra / paz
·············
oorlog / vrede

0

cero

nul

1

uno

één

2

dos

twee

3

tres

drie

4

cuatro

vier

5

cinco

vijf

6

seis

zes

7

siete

zeven

8

ocho

acht

9

nueve

negen

10

diez

tien

11

once

elf

12
doce

twaalf

13
trece

dertien

14
catorce

veertien

15
quince

vijftien

16
dieciséis

zestien

17
diecisiete

zeventien

18
dieciocho

achtien

19
diecinueve

negentien

20
veinte

twintig

100
cien

honderd

1.000
mil

duizend

1.000.000
millón

miljoen

inglés

Engels

inglés americano

Amerikaans Engels

chino mandarín

Chinees (Mandarijn)

hindi

Hindi

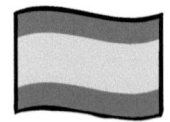

español

Spaans

francés

Frans

árabe

Arabisch

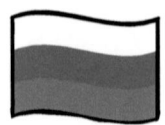

ruso

Russisch

portugués

Portugees

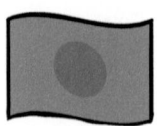

bengalí

Bengali

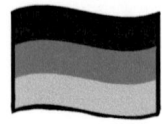

alemán

Duits

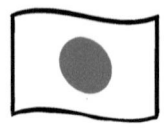

japonés

Japans

yo

ik

vos

u

él / ella

hij / zij / het

nosotros

wij

ustedes

u

ellos

ze

¿quién?

wie?

¿qué?

wat?

¿cómo?

hoe?

¿dónde?

waar?

¿cuándo?

wanneer?

nombre

naam

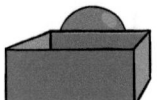

detrás

achter

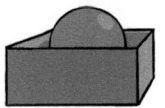

en

in

adelante de

voor

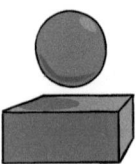

por encima de

boven

sobre

op

debajo de

onder

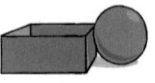

al lado de

naast

entre

tussen

lugar

plaats